BOISSY-D'ANGLAS.

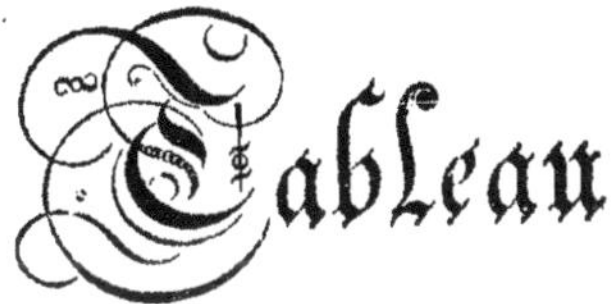

DE M. COURT.

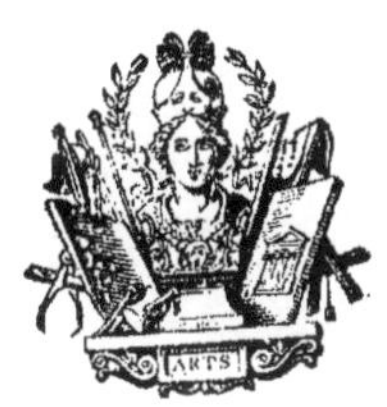

Rouen.-Imp. d'Emile Periaux fils aîné.

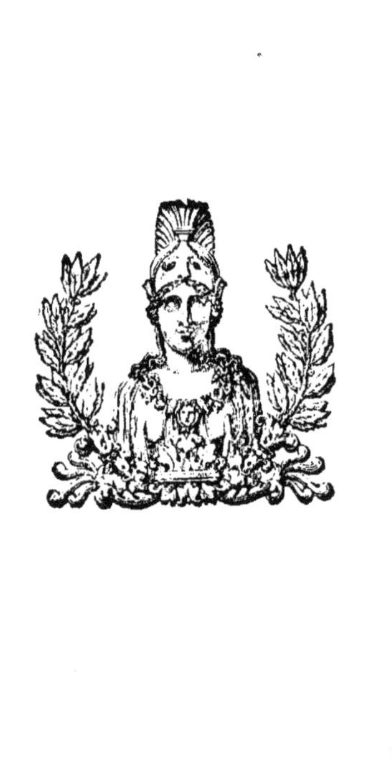

Boissy-d'Anglas.

BOISSY-D'ANGLAS,

Président de la Convention Nationale,

SALUANT LA TÊTE DE FÉRAUD,

Assassiné par les révoltés le 1er prairial an 3.

TABLEAU

DE M. COURT,

EXPOSÉ A ROUEN EN 1835.

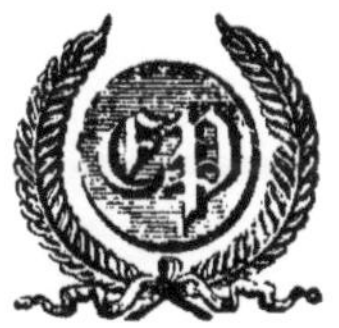

Rouen,

Imprimé chez Emile Periaux Fils aîné.

1835.

J'avais eu d'abord le projet de joindre à ce travail une Notice historique sur M. Court, *et de lui donner une étendue assez considérable pour me permettre de parler, avec quelques détails, des plus remarquables ouvrages de cet Artiste, dont le pinceau savant et facile a déjà beaucoup produit : j'ai dû remettre cette publication à une autre époque, afin de la rendre plus complète ; mais je prends dès aujourd'hui l'engagement de la faire.*

Le trait du Tableau et son explication, placés en tête de cet Opuscule, sont extraits d'une Notice publiée par M. Feuillet-Dumus, *propriétaire du* Boissy-d'Anglas, *qui a eu la complaisance de mettre à ma disposition le nombre d'exemplaires qui m'était nécessaire.*

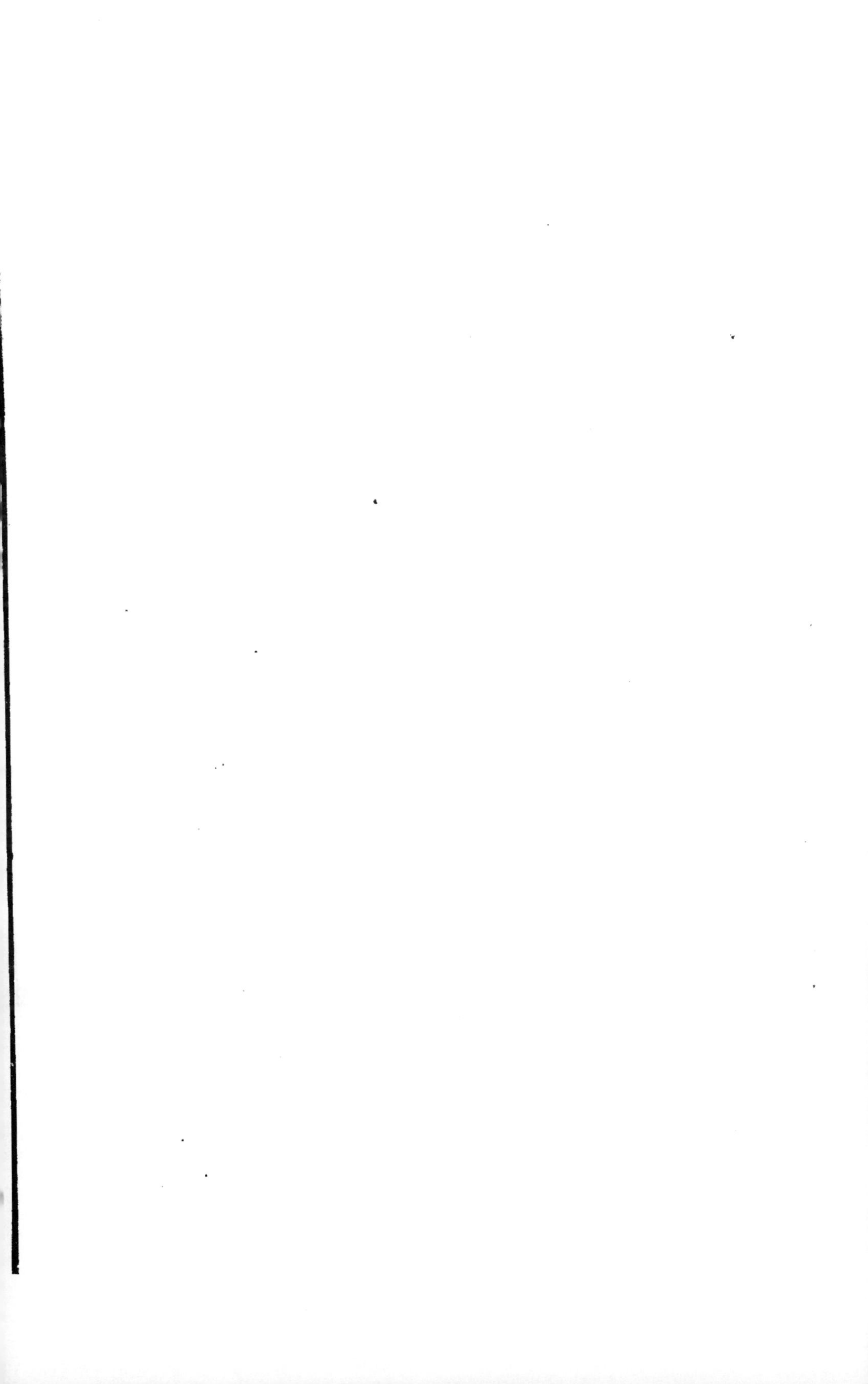

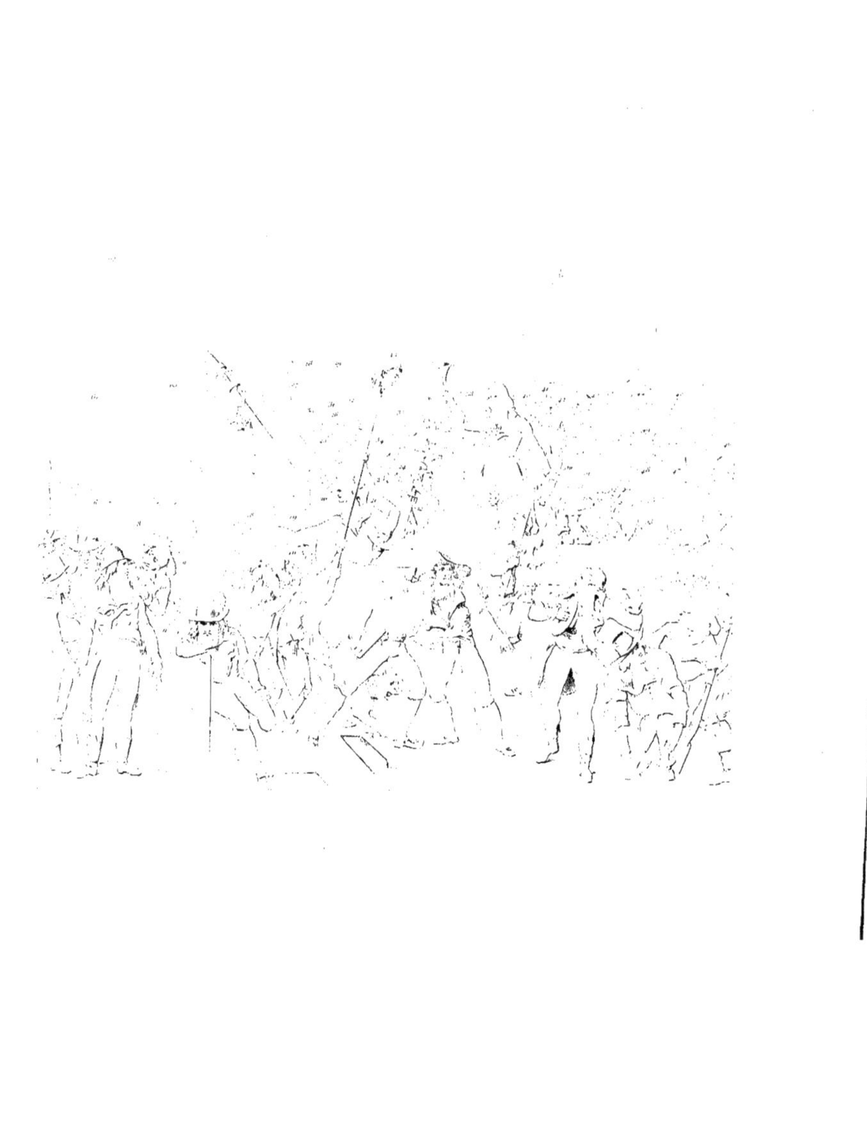

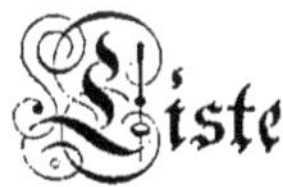

Indiquant les principaux Personnages du Tableau.

Les numéros d'ordre qui précèdent les noms propres sont régulièrement indiqués dans la gravure; ils commencent par la gauche.

1 **CLAUZEL** (Jean-Baptiste), député de l'Arriége; mort en 1804.

2 **BOURDON** (François-Louis), député de l'Oise; déporté à Cayenne, et mort à Sinamary; il était né à Remy, près Compiègne.

3 **MERLIN** (Philippe-Antoine, comte), député de Douay; né le 30 octobre 1754, à Arleux, près Douay.

4 **TALLIEN** (Jean-Lambert), député de Paris; né à Paris.

5 **CHÉNIER** (Marie-Joseph de), député de Seine-et-Oise; né à Constantinople le 28 août 1764.

6 **BOURBOTTE**, député de l'Yonne, *conjuré;* né à Vaux, près Avalon; guillotiné le 26 juin 1795.

7 **SOUBRANY**, député à la Convention, *conjuré;* guillotiné le 26 juin 1795.

8 **GERMAIN**, élève et partisan de Romme.

9 LA MÈRE CÉSAR, qui se distingua en 1793 par ses cruautés. Sa fille était une des maîtresses de Delorme, le nègre.

10 BINEL, marchand de vin du faubourg Saint-Antoine; enragé terroriste.

11 UN SANS-CULOTTE.

12 DUSSAULX (JEAN), député; né à Chartres le 28 décembre 1728; mort à Paris le 16 mars 1799.

13 UN GARDE NATIONAL.

14 LESUEUR, charron du faubourg Saint-Antoine, ami et complice de Renaud.

15 RENAUD, serrurier, faubourg Saint-Antoine, assassin de Féraud.

16 BRUTUS (le buste de), placé au pied de la tribune.

17 ROMME (GILBERT), député, *conjuré;* né à Riom en 1750.

18 LA BELAIR, une des meneuses.

19 DELORME, nègre, capitaine des canonniers du quartier Popincourt.

20 ALLAIGRE, dit LE BOURGUIGNON, complice de Renaud.

21 VERNIER (Comte THÉODORE), député d'Aval en Franche-Comté, mort en 1818.

22 GEORGET, dit BRUTUS L'ÉGORGEUR, complice de Renaud.

23 ROSE, la mère de la jolie Rose, qui a été la maîtresse de Saint-Just.

23b LEGENDRE (LOUIS), député de Paris; né à Paris en 1756; mort à Paris, le 13 décembre 1797.

24 UN CHEF DE MENEURS.

25 MARET, surnommé LE SAUVAGE, fort de la halle, et amant de Jeanne-d'Arc.

26 DUQUESNOY, député du Pas-de-Calais, ancien moine, *conjuré;* né à Bouvigny-Boyeffles en 1748. Il se tua le 16 juin 1795.

27 BARRS, envoyé de la Pologne.

28 REYBATZ, représentant de la république de Genève.

29 SANDOZ-ROLLIN (Baron de), ambassadeur de Prusse.

30 MEHEMED ALI EFFENDI, représentant de la Sublime Porte.

31 JAMES MONROE, ministre plénipotentiaire des Etats-Unis d'Amérique.

32 STAEL (Baron de), ambassadeur de Suède.

32[b] DEL CAMPO (Marquis), ambassadeur d'Espagne.

33 LA TÊTE DU DEPUTÉ FÉRAUD.

34 MARIE L'ABBÉ, surnommée JEANNE-D'ARC, l'une des meneuses.

35 GOUJON (J. N. C. R.), député de Seine-et-Oise, *chef des conjurés;* il naquit en 1766, à Bourg en Bresse; il mourut d'un coup de stylet dont il se frappa le 26 juin 1795.

36 DUROY, député de l'Eure, *l'un des conjurés;* guillotiné le 26 juin 1795.

37 UN HOMME DU PEUPLE, qui veut faire signer à Boissy la constitution de 1793.

38 ROYALISTE DÉGUISÉ, parlant à Boissy.

39 BOISSY-D'ANGLAS (FRANÇOIS-ANTOINE), député de

l'Ardèche, président de la Convention ; né à Annonay, département de l'Ardèche, le 8 novembre 1756. Mort à Paris en 1826.

40 **DUMONT** (André), député de la Somme ; né le 24 mai 1764.

41 **UN CHEF DE MENEURS**, renommé par sa méchanceté et son sang-froid.

42 **DUBOIS DE CRANCÉ** (Edmond-Louis-Alexis), député du bailliage de Vitry ; né à Charleville en 1747 ; mort à Rétel le 28 juin 1814.

43 **UN CHEF DE MENEURS.**

44 **HOCHE**, général au service de la république.

45 **UN CHEF DE MENEURS.**

46 **UN GROUPE DE FEMMES**, payées et dirigées par Jeanne-d'Arc.

47 **SAINT-MARTIN**, député de l'Ardèche, secrétaire de la Convention.

48 **FOURCROY** (Antoine-François, comte), député de Paris.

49 **UNE DES MENEUSES.**

50 **UN CHEF DE MENEURS.**

51 **LA TERWAGNE**, femme du peuple, chef des meneuses.

52 **UN MALIN DE LA RAPÉE.**

53 **LA JOLIE ROSE**, ancienne maîtresse de Saint-Just ; son enfant est appuyé sur le bras d'un malin de la Rapée.

54 **RADI**, tisserand, un des meneurs, complice de l'assassinat de Féraud.

55 **SEVIN**, garçon boucher.

56 **GOUPILLON**, Auvergnat et porteur d'eau.

57 **KERVÉLÉGAN** (Augustin-Bernard-Franç^s de Goarre de), député du Finistère.

58 **DEUX DES MENEURS**; l'un est blessé par une banquette tombée sur sa jambe gauche.

59 **UN GROUPE DE TRICOTEUSES.**

60 **TRIBUNE RÉSERVÉE**, envahie par le peuple.

61 **TRIBUNE DES DÉPUTÉS**, aussi envahie.

62 **TRIBUNE PUBLIQUE.**

A Messieurs les Membres de l'Académie royale des Sciences, Belles-Lettres & Arts de Rouen.

Mes Chers Confrères,

Lorsque notre compatriote Court (1) arrivait, il y a environ sept ans, de cette Rome vénérée des artistes, qu'il avait long-temps habitée comme Lauréat de l'académie de peinture, il apportait avec lui son beau tableau des funérailles de César, qui orne aujourd'hui la galerie royale du Luxembourg. J'essayai, en vous lisant une description fidèle de ce grand ouvrage, inconnu dans nos murs, de vous faire partager les espérances que je croyais avoir droit de former sur l'avenir du jeune peintre. Vous accueillites

(1) Court (Joseph-Désiré), est né à Rouen; il descend directement, par sa mère, du célèbre Rigaud, qui a peint, d'une manière si supérieure, presque tous les grands hommes du règne de Louis XIV, sous lequel il vivait.

avec bienveillance ces présages heureux; le public les accepta dans une de vos séances solennelles, et prouva, par ses bruyantes acclamations, qu'il s'associait à la noble pensée que vous aviez conçue d'encourager l'artiste, en lui commandant, pour la salle de vos séances, un tableau qui devait retracer un triomphe public de notre grand Corneille!

Prenant en considération la modicité de la somme que vous pouviez donner (2,400 fr.), vous n'aviez demandé *qu'un tableau de chevalet;* l'artiste ne voulut pas peindre *Corneille en miniature*, suivant son heureuse expression, et il vous offrit un magnifique tableau, de grande dimension. Vous dûtes reconnaître d'une manière digne de vous et du caractère du peintre, un si beau désintéressement, et vous lui décernâtes une médaille d'or, qu'il vint recevoir des mains de votre président, dans votre séance publique de 1831, aux applaudissements d'enthousiasme de ses concitoyens.

Vous avez toujours suivi depuis, avec un vif intérêt, la marche ascendante de l'artiste; j'ai du penser, en conséquence, que vous aviez vu avec plaisir, puisque vous seriez dès-lors à portée de juger par vous-mêmes, l'arrivée à Rouen de la grande page historique qu'il avait exposée au salon de

1833, et sur laquelle les passions politiques, brûlantes à cette époque, ont fait porter des jugements si contradictoires!

J'avais eu, dans plusieurs circonstances, l'occasion de publier des remarques critiques sur quelques-unes des œuvres du peintre rouennais. Je fus sollicité, cette fois encore, d'accepter la même mission : des considérations d'amitié pour l'artiste et pour celui qui me faisait cette demande, l'emportèrent sur celles qui me conseillaient de m'abstenir. Je me suis donc acquitté de cette tâche le mieux que j'ai pu, et sinon avec succès, sous le point de vue artistique (1), du moins avec sincérité, bonne foi et

(1) Un de nos confrères, qui s'occupe des arts, en même temps qu'il remplit des fonctions très-sérieuses et peu artistiques, écrivait naguères au sein de l'Académie, qu'il n'appartenait qu'à ceux qui cultivaient les arts par état, de se permettre d'en parler. Je veux bien reconnaître mon incompétence, mais non à ce titre ; il serait en effet trop cruel pour les artistes, et mortel aux arts eux-mêmes, de resserrer le cercle de leurs juges et de leurs appréciateurs, à celui de leurs pairs ; je crois, pour mon compte, que l'étude des sciences les plus sérieuses, mais surtout des sciences d'observation, s'allie d'une manière aussi heureuse que naturelle à celle des arts d'imitation, notamment de la peinture et de la sculpture.

conviction, sous celui du dévoûment à un immense talent, et à une illustration rouennaise, qui devient de jour en jour plus populaire.

J'ai regardé comme un devoir, Messieurs, dans ma position vis-à-vis de vous et de l'artiste, qui est notre confrère, de réunir en un faisceau les articles publiés à des intervalles plus ou moins longs, dans un des journaux de cette ville; non pour les soustraire eux-mêmes à l'oubli qui les réclame, mais pour consacrer à l'œuvre de Court des souvenirs plus durables que ceux que peuvent laisser les publications éphémères prodiguées chaque jour, à satiété, dans nos milliers de feuilles périodiques.

Je n'ai fait tirer qu'un petit nombre d'exemplaires de cet opuscule; j'en dépose deux aux archives, et je prie chacun de mes confrères d'en accepter un, comme un don personnel de la plus franche confraternité d'abord, et ensuite comme un hommage public rendu aux talents incontestables d'un compatriote qui nous promet de remplacer dans une carrière où la gloire acquise est encore plus solide peut-être, le célèbre compositeur que la France et la ville de Rouen surtout, ont eu récemment la douleur de perdre, et à la mémoire duquel vous avez consacré un dernier tribut d'honneur, qui ne sera ni le moins glorieux, ni le moins éclatant (1)!

J'ai l'honneur d'être, avec un dévoûment inaltérable,

Mes chers Confrères,

Votre très-humble et très-obéissant serviteur,

Le Secrétaire perpétuel pour la Classe des Sciences,

C. Des Alleurs,

D. M. M.

(1) L'Académie de Rouen décernera dans sa séance publique du mois d'août 1835, un prix extraordinaire à la meilleure pièce de poésie sur les honneurs rendus à la mémoire de Boïeldieu, dans sa patrie, en 1834.

BOISSY-D'ANGLAS

A LA CONVENTION[1].

Premier Article[2].

Le Boissy-d'Anglas de Court vient d'arriver dans nos murs. Qui peut avoir oublié l'exposition des ouvrages de notre compatriote, qui eut lieu à l'Hôtel-de-Ville, peu de jours après la révolution de 1830? Les préoccupations de ce grand bouleversement, qui datait à peine de huit jours, n'eurent pas le pouvoir d'arrêter l'empressement des Rouennais, dont la foule assiégea constamment la salle d'exposition, pendant plus de deux mois; il semblait que chaque citoyen prenait un intérêt de famille au succès du peintre rouennais : or, son triomphe fut complet, et l'exhibition du tableau de *Corneille*, qui orne la salle des séances de l'Académie; *de la Bienfaisance*,

(1) Le tableau a été exposé dans un endroit peu convenable, sous le rapport de la dignité, sur la place des Carmes de Rouen, l'administration municipale ayant refusé de prêter un local. Cette exposition a eu lieu en mars, avril et mai 1835.

(2) Extrait de la *Gazette de Normandie*, du mercredi 1er avril 1835.

qu'un amateur a conservé à notre ville (1), et de trois portraits qui accompagnaient ces deux œuvres capitales, à différents titres, restera célèbre dans les fastes artistiques de la cité! On fut en effet obligé d'imprimer, séparément, les articles publiés par un journal (2) sur cette exposition, qui excitait au plus haut point l'intérêt et la curiosité publiques. Nous nous plaisons à rappeler ce souvenir, qui prouve que la population de Rouen n'est point antipathique aux arts, comme on s'est plu à le dire! Les expositions annuelles créées par Garneray, les succès de la Société des Amis des Arts, à sa seconde année d'existence, en sont une nouvelle preuve!

Rouen désirait depuis long-temps voir une des grandes pages historiques de son peintre livrée à son avide curiosité! *Le Corneille* et la belle réputation *du César*, augmentaient encore ce désir, et l'on demandait à grands cris une de ces vastes compositions, que le talent seul, sans le génie, ne saurait concevoir ni exécuter.

M. Feuillet-Dumus vient satisfaire ce louable désir, et nous nous empressons de l'en remercier et de l'en féliciter. Le succès couronnera sa généreuse entreprise;

(1) Le tableau *de la Bienfaisance*, de 4 p. 1° de large, sur 2 p. de haut, aussi admirable de composition que d'exécution, a été lithographié par Léon-Noël, et dédié aux dames de la Société de Charité Maternelle de Rouen. Il fait partie du cabinet de M. Des Alleurs, médecin de la Société Maternelle.

(2) Le *Journal de Rouen*, feuilles des 30 août, 7 et 20 septembre 1830.

et certes, après les suffrages glorieux et unanimes que le tableau a conquis à Bruxelles, où l'on se connaît en peinture, à Marseille, à Bordeaux, à Nantes, à Lyon, etc., etc., Rouen ne restera pas en arrière! notre cité, qui est à bon droit surnommée la ville de Corneille, qui a prouvé récemment qu'elle était digne d'être la ville de Boïeldieu, se montrera encore cette fois la ville du jeune peintre né dans ses murs, et dont le talent, excité par notre approbation, peut produire de nouveaux chefs-d'œuvre, et léguer a la patrie une illustration contemporaine, digne de celles dont elle s'enorgueillit à jamais!

Nous avons vu le *Boissy-d'Anglas* à l'exposition du Louvre et dans l'atelier de l'artiste; nous pourrions donc, dès aujourd'hui, exprimer notre opinion, en la justifiant; mais l'artiste a retouché et perfectionné son ouvrage : nous devons, en conséquence, lui consacrer un nouvel examen avant de livrer au public nos impressions. Cependant nous avons cru qu'il convenait de donner, dès aujourd'hui, quelques détails historiques sur le tableau lui-même et sur les circonstances auxquelles il doit la naissance.

On a déjà beaucoup parlé du *Boissy-d'Anglas*, qui fut, à la fois, un trait d'audace, et une preuve de véritable dévoûment à l'art de son auteur! Court a eu le sort de tous les grands talents, il a excité l'envie : points d'efforts que l'on n'ait faits pour entraver son essor; le succès populaire de son César était trop éclatant pour un début! Arriver, si jeune, au premier rang de l'école historique, ce n'était pas le compte des coteries! Elles le sentirent et s'ameutèrent contre le laborieux et modeste artiste, qui est de tous les hommes le moins propre à déjouer ces sourdes combinaisons et à prévenir l'émission d'articles malveillants, publiés par les feuilles aux gages de ces coteries!

Il est donc resté sous sa tente, non pour y bouder, mais pour y travailler sans relâche, afin de réduire l'envie à ce silence forcé, qui est la plus glorieuse vengeance du vrai talent! Court a depuis conquis la palme de la tête d'expression, que personne ne songe aujourd'hui à lui contester, et il se prépare, en silence, à cueillir celle de la peinture historique, pour laquelle il est né! Patience! ceux qui redoutaient sa marche trop rapide, s'enrouent à crier qu'il n'avance pas! Ces clameurs impuissantes feront briller sa gloire d'un plus pur éclat! nous serons compris par tous ceux qui connaissent, qu'on nous passe la trivialité de l'expression, *le dessous des cartes!* Nous ne voulons pour garant des espérances que nous ne craignons pas d'exprimer, que le Boissy-d'Anglas lui-même, si violemment attaqué en 1833! mais nous devons dire pourquoi?

Après la révolution de 1830, trois tableaux furent destinés à orner la nouvelle salle des séances de la chambre des députés. Les trois sujets désignés étaient : 1° Le serment de Louis-Philippe à la charte de 1830 : 2° Mirabeau, faisant sa fameuse réponse, véritable ou apocryphe, au marquis de Brézé, lors des états-généraux de 89 : 3° Enfin, Boissy-d'Anglas, président de la convention, saluant la tête du député Féraud, assassiné par la populace révoltée, le 1er prairial an 3.

Une grande question s'éleva tout d'abord : *Les trois tableaux seraient-ils donnés au concours, ou bien, suivant l'usage antérieur, commandés par qui de droit?* Les artistes intéressés furent appelés à décider la question. Court n'hésita pas à se ranger parmi les partisans du concours! En vain des puissances opposées, qui redoutaient son influence, lui disaient-elles *qu'il serait un des peintres choisis!* L'innocent artiste, qui comptait plus sur son talent que sur de telles promesses, resta inébranlable, répétant tout haut : *qu'un talent modeste ou inconnu pouvait se révéler tout à coup, et que c'était à lui que devait de droit appartenir la palme!* La naïveté de son enthousiasme, dans sa position et avec sa juste réputation, entraîna bien des hésitations; le concours l'emporta! Court, heureux pour lui et pour ses rivaux, et conséquent avec ses principes, résolut de s'y présenter! Convaincu qu'il avait raison, il était tout zèle et tout espoir; ne soupçonnant pas même les haines qu'il venait d'éveiller, les oppositions acharnées qu'il venait de se susciter!

Le concours s'ouvrit sur le premier sujet. Court y parut et eut le bonheur de ne pas l'emporter! Il y avait cependant quatre mille francs de plus à gagner pour ce tableau que pour les autres; mais il y avait de la gloire de moins, et l'argent ne la compense pas! que faire en effet avec les groupes d'habits noirs de nos députés? faut-il féliciter l'homme de talent qui en fut chargé! Court, enchanté de son échec, avait cependant fait preuve de zèle; il avait fourni deux exquisses, même *ficelées*, en terme d'atelier; et le refus de les admettre toutes les deux au concours fut pour lui la première manifestation de ces animosités auxquelles il refusait de croire! Il les reconnut alors, en rit et persista!

Vint le tour du second sujet. Notre compatriote se présenta des premiers, et ce fut avec un grand éclat. Il fut, comme la première fois, rangé le second, dans le concours, et le nombre des concurrents avait augmenté! Au prononcé du jugement, l'opinion publique commença à s'éveiller; on murmura: *que le jury y avait mis de la partialité!* Court, qui avait consciencieusement travaillé, fut ému, mais non découragé! Le sentiment de ses forces le soutenait, et s'il voyait clairement l'intrigue s'agiter, confiant aux promesses récentes de juillet, l'artiste ingénu s'imaginait toujours que la vérité finirait par triompher! Ses amis, mécontents de l'injustice qu'ils croyaient lui avoir été faite, se consolaient cependant par la pensée que chargé du tableau, eût-il fait un chef-d'œuvre, l'ordonnance de son esquisse, son Mirabeau et son Brézé surtout pouvaient en donner l'espoir, ils n'auraient pu espérer d'en jouir long-temps! Trouvez donc un gouvernement qui puisse vivre avec ce mot de Mirabeau, continuellement exposé, *en action*, dans la salle des séances d'un pouvoir qui a fait celui sous lequel nous vivons! Nous ne le cachons pas, amis de l'ordre, nous aurions redouté la présence électrisante d'un chef-d'œuvre, en permanence, dans un lieu où un tribun audacieux pouvait encore ramener, sinon pour aussi long-temps, du moins pour trop de temps encore, les catastrophes qui suivirent 89! Au surplus, nous nous alarmons peut-être à tort! on peut penser au Jeu-de-Paume, mais l'imiter!!! la tragédie a fini après de terribles dénoûments! La comédie a suivi: nous en sommes à la petite pièce: mais les spectateurs bâillent ou haussent les épaules, il faudra bien changer le spectacle!

Le troisième concours arriva enfin! Les partisans du talent de Court virent renaître leurs espérances! Les amis de l'ordre pouvaient, selon nous, tolérer, en tous temps, l'aspect de ce sujet; Boissy-d'Anglas résistant à la conséquence des doctrines qu'il avait professées lui-même! La tête de son collègue montrée au président de la convention, en signe de menace, quelle leçon pour lui! quelle leçon pour nous! Ah! il y a là de quoi inspirer pour jamais aux peuples, l'horreur de l'abandon des vrais principes! il y a là de quoi faire trembler ceux qui, dans une position sociale qui imposait des devoirs qu'on ne doit jamais oublier, avaient eu le malheur d'obéir à des entraînements auxquels les hommes supérieurs ne devraient jamais céder. L'artiste paraît l'avoir senti; nous le prouverons.

Sur la quarantaine de concurrents qui entrèrent en lice cette fois, la voix publique désigna Court, tout d'abord, comme le vainqueur. Le rang qu'il avait obtenu constamment dans les deux premiers concours, lui donnait un triple droit ; et de plus, les artistes nous comprendront, son esquisse, qui l'emportait sur les autres, était celle d'un homme qu'on savait capable de faire bien mieux, *en grand qu'en petit*; considération majeure en semblable occurrence ! Court ne reçut pas le prix ; il fut rangé après celui qui vient d'exposer, au bout de trois ans, son tableau, au salon de cette année. Nous n'avons pas assez vu son ouvrage pour nous permettre de le juger définitivement ; mais il n'y a qu'une voix déjà sur le Boissy-d'Anglas lui-même, *il est tout-à-fait manqué!* il l'était déjà dans l'esquisse ! Que les juges se le rappellent, et qu'ils disent si Court l'a jamais manqué, lui !

Six mois de travaux consciencieux consacrés à ces luttes, et perdus sans retour, en auraient découragé un autre : Court puisa, dans la conviction de son droit méconnu, dans l'assentiment de la voix publique, dans la conscience de ses forces, une résolution généreuse, dont peu d'artistes eussent été capables ! Il déclara qu'il en appelait au public ! Il exécuta donc, à ses risques et périls, le tableau en grand ! Il y avait plus que du courage dans cette résolution. Que de haines, que de vengeances, que de récriminations mises au défi ! Court brava tout ; un an lui suffit pour achever son œuvre ;

elle parut au salon de 1833. Là, les vrais amateurs, les artistes indépendants admirèrent son travail; mais la tourbe haineuse se déchaîna, l'esprit de parti intervint. Quelle horreur de représenter de pareilles atrocités, disaient les uns! le peuple n'est pas ainsi dans la manifestation de ses instincts, s'écriaient ceux qui n'aiment pas qu'on le peigne dans sa fureur! Nous n'irons plus jusque là, disaient enfin ceux auxquels on faisait craindre le retour de ces terribles scènes, comme conséquence d'événements récemment accomplis! Et les juges du concours! et les écoles dissidentes! que de clameurs, que de cris!!! L'administration du Musée, par une condescendance blâmable, sembla se rendre complice de ces passions, en plaçant le tableau entre deux compositions qui lui faisaient tort, et à une prodigieuse hauteur. Court, indigné, protesta long-temps contre ce déni de justice : son énergie le fit enfin triompher, et son tableau fut descendu de plus de vingt pieds; mais quelques jours seulement avant la clôture de l'exposition; quand la haine était satisfaite, quand la masse entière des curieux désertait, quand le plus grand nombre n'avait pu, à si grande distance, distinguer si cette peinture énergique était faite en conscience et d'après nature, ou si c'était seulement de la décoration!

On sentit bien, *en haut lieu*, toute l'injustice faite à l'un de nos premiers talents : on a depuis cherché à la réparer à huis clos. Les travaux d'argent, les prévenances personnelles, etc., ont offert à l'artiste un dédommagement incomplet; mais il a toujours le moyen de confondre ses ennemis, et il en usera, nous l'espérons!

Les amis de Court n'ont pas pensé qu'ils dussent partager la longanimité de celui qu'ils aiment et admirent! M. Feuillet-Dumus, par un sentiment également honorable pour l'amitié et pour l'art, s'est rendu acquéreur du tableau, au prix que le gouvernement avait fixé à celui destiné à la chambre des députés; il a parcouru la Belgique, la France presque toute entière, interrogeant l'opinion publique sur l'œuvre du peintre rouennais. L'opinion a été unanime! partout même succès, partout même enthousiasme, partout même indignation contre d'odieuses cabales, en apprenant les circonstances que nous venons de raconter, avec une scrupuleuse fidélité!

M. Feuillet, avant de se rendre en Angleterre, termine son noble pélerinage artistique sur le continent par la patrie de Court: grâces lui en soient rendues! Les Rouennais comprendront sa pensée, j'en suis sûr; et, par leur empressement à visiter le tableau, ils prouveront leur reconnaissance à celui qui a vengé par un si beau dévoûment un talent supérieur, victime de criantes injustices!

Deuxième Article (1).

Nous avions résolu, quand nous acceptâmes de décrire le tableau de Court, d'exprimer simultanément notre opinion, sur l'ensemble, sur les groupes, et sur les figures de détail qui les forment ; nous voulions dire, à la fois, les raisons du peintre dans la conception de son tableau, dans la disposition des masses, dans l'intention des figures et de leurs expressions si variées et si concordantes à l'effet général ; mais nous avons bientôt été forcés de reconnaître que cette marche, excellente dans une description orale, aurait, dans une critique du genre de celle-ci, l'inconvénient de scinder la description, par le défaut d'espace pour la développer convenablement d'abord, et ensuite, par la confusion qui s'établirait nécessairement entre des choses fort distinctes, que l'on sent facilement, mais dont l'esprit paresseux du plus grand nombre des spectateurs n'ose entreprendre l'étude, et dont on doit, par conséquent, dans l'intérêt de leur jugement définitif, leur fournir l'analyse toute prête : ce travail est fastidieux, nous en convenons, mais il est nécessaire, pour faire bien apprécier une œuvre de cette importance. Les connaisseurs eux-mêmes, et tous ceux qui ne se hasardent à se prononcer sur les productions du talent, qu'en conscience et avec

(1) Extrait de la *Gazette de Normandie*, du lundi 6 avril 1835.

une connaissance approfondie, vous savent gré de ce dévoûment, qui rend tout clair et patent, qui pose nettement les questions à résoudre et permet ainsi aux hommes capables, aux vrais juges, de motiver plus promptement et plus sûrement leurs arrêts.

Un tableau qui contient, au milieu d'une foule de personnages secondaires, 69 figures capitales, de grandeur de nature, vaut bien la peine qu'on lui consacre quelques moments d'attention sérieuse, quand on se permet d'en parler; quelques instants de lecture attentive, quand on veut asseoir son opinion sur un aussi imposant travail.

Nous allons donc donner aujourd'hui une idée succincte de la disposition générale; puis nous décrirons chaque groupe, en allant d'avant en arrière; commençant par la droite, et revenant, *par plans successifs*, vers la gauche, jusqu'au Boissy-d'Anglas, qui, par une combinaison savante, se trouve le point culminant de cette vaste composition. Nous signalerons ensuite ce qu'il y a de plus remarquable dans les groupes placés vers les fonds, en suivant leur décroissement progressif vers la perspective de la gauche. Enfin, nous dirons quelques mots des fonds eux-mêmes, sacrifiés, mais bien harmonisés avec le reste; nous terminerons par de courtes réflexions sur l'ensemble et sur la mise en toile du sujet. Il sera difficile que, de la sorte, quelque chose d'essentiel nous échappe.

Examinons le théâtre de l'action.

La scène se passe dans la salle des séances de la *Convention.* La populace s'y est introduite par la violence; elle est venue occuper, dans un affreux désordre, les places des députés; ceux-ci, reconnaissables à leur costume et surtout à leurs chapeaux surmontés de plumes aux trois couleurs et à des écharpes semblables, se trouvent dispersés de tous côtés, au milieu des rangs mêmes des plus furieux, où quelques-uns d'entre eux, qui sont des conspirateurs, attisent le feu de la sédition : cet arrangement donne au sujet une clarté très-grande et se lie à l'action, dans son essence même!

Le spectateur voit toute la partie de la salle qui correspond à la tribune, au bureau du président, à celui des secrétaires; les deux premières parties surtout occupent le centre lumineux de l'éclairage imaginé par l'artiste; ce centre en devient par là même un d'attraction pour la curiosité, et c'est là aussi que se passe le fait principal, ce qui justifie et rend très-remarquable cette habile disposition. L'œil s'étend sans obstacle à droite, jusques un peu au-delà du bureau des secrétaires, élevé à la gauche du président, puis au-delà de l'estrade qui porte son fauteuil; il peut s'étendre ensuite jusqu'au fond de la salle, dans toute la partie située à la droite du bureau, partie qui se trouve heureusement coupée, en revenant vers le premier plan, par l'arrête gauche du tableau, qui interrompt de la manière la plus naturelle les étages de gradins destinés aux députes et en ce moment encombrés par le peuple. La pensée qui saisit, au premier aperçu, la disposition des lieux, complète aussitôt toute la partie gauche que l'on ne voit pas, mais où l'esprit devine le même désordre et des effets analogues ; la banquette renversée et brisée qui est si à propos placée tout-à-fait en avant du premier plan du tableau, ne laisse pas une seule seconde d'hésitation au spectateur.

Voici maintenant la disposition des plans, qui est d'autant plus ingénieuse, qu'elle forme, pour les personnages actifs ou principaux et pour les figures accessoires qui les accompagnent et achèvent les expressions des groupes, une sorte d'amphithéâtre, que peuple graduellement, jusqu'au point le plus éloigné, la masse des figures capitales, qui produit une sorte de pyramide triangulaire sur laquelle la lumière tombe d'une manière si habile, qu'elle compense l'éloignement de ces plans, pour mettre en relief, *sur la ligne principale*, le fait qui forme l'action! depuis ceux qui portent la tête coupée, jusqu'au Boissy-d'Anglas lui-même, qui domine et devait dominer tout le tableau, et enfin jusqu'aux groupes formés derrière son fauteuil. Rien de plus ingénieux, de plus savant et de plus simple tout à la fois que cette adroite combinaison. Il ne peut y avoir qu'une voix là-dessus, de la part des hommes du métier et des amateurs.

Les fonds lointains, qui sont blanchis et vaporisés

par la poussière et la fumée des coups de feu qui se tirent dans la salle, ont pour effet de détacher la masse dont j'ai parlé, et de lui faire occuper la toile, de la manière la plus avantageuse et la plus pittoresque pour l'ensemble. Dans cette partie, l'habileté et l'expérience déjà consommée de l'artiste lui ont fait remplir toutes les conditions exigées, non-seulement par l'art, mais encore par le goût!

Nous prions les connaisseurs de vouloir bien méditer sur ce savant arrangement de lignes, qui produit des effets magiques et si certains, que l'œil le moins exercé s'y laisse prendre tout d'abord. Ceux qui savent toutes les difficultés d'exécution que présentent les grandes scènes d'intérieur, conviendront qu'il n'appartient qu'aux premiers talents de les aborder avec autant de franchise, de les surmonter avec autant de bonheur, et de les dissimuler avec une adresse que l'inexpérience prendrait aisément pour de la *naïveté*.

Poursuivons la description :

Le premier plan est formé par tout l'espace que nous laisse voir le peintre, en avant de la tribune : par le bureau des secrétaires, placé à la gauche du président, et par les bancs destinés aux députés, dont l'extrémité vient former un des couloirs de descente, en face de la tribune. Ce plan est tout-à-fait décidé et rendu naturel *par le parti pris* de l'artiste, dans la coupe de sa perspective. La tribune des orateurs, ayant en avant le buste de Brutus, placé sur un dé, fait encore partie, sur une seconde ligne un peu plus élevée, de ce plan ; d'autant plus que la lumière centrale, qui pose sur le Boissy-d'Anglas, porte aussi sur les personnages qui occupent cette tribune, et les range parmi les figures du premier plan.

Le second plan est formé par l'estrade de droite des secrétaires, dans toute sa longueur et sa largeur; elle s'étend au niveau de la ligne produite par la saillie, en arrière, du fauteuil du président, plus élevé et plus éclairé, mais pourtant sur le même plan, où se trouve ainsi fixée la figure principale. Ce plan se prolonge, avec des décroissements bien entendus de lumière, vers la partie à gauche du spectateur et à droite du président. L'élévation des groupes prouve là une disposition des bureaux analogue à celle de droite; disposition matérielle que la perspective empêche d'ailleurs de voir. Les derniers plans sont formés par l'enfoncement drapé qui est derrière le fauteuil du président, par la tribune diplomatique, la plus rapprochée du bureau, et par d'autres tribunes plus éloignées, et envahies par le peuple. Enfin, les plans tout-à-fait lointains, vers la gauche, entièrement dans la vapeur, sont remplis par les estrades où s'accumule la foule; la partie supérieure est couronnée par les tribunes publiques, régorgeant de spectateurs tumultueux.

Je passe à l'examen des groupes qui occupent chacun de ces plans.

Sur le premier, où doivent être les objets les plus finis et les plus étudiés, se trouvent, par une idée bien rencontrée, des figures qui prouvent tout d'abord que Court a pénétré fort avant dans son sujet. En effet, les plus violents, les plus furieux, les plus ignobles des hommes d'action, que les conspirateurs viennent de déchaîner, se trouvent rapprochés, et pour ainsi dire face à face, avec des députés qui expriment, chacun à leur manière, les sentiments qu'ils éprouvent d'une pareille scène, essentiellement destinée à agir sur eux! Rien de plus heureux que ce rapprochement, qui explique de suite l'action; avantage immense en peinture! La peur évidente, l'appréhension timide et dissimulante, enfin l'indignation noble et courageuse se trouvent là en contact avec les passions brutales des vils instruments qu'on leur oppose!

Entrons plus avant dans le détail.

Au milieu, devant la tribune, en face du buste de Brutus, un vieillard hideux, dont *des rossignols* et des clés, suspendus par un anneau au nœud de son tablier, annoncent la profession de serrurier, dans l'attitude d'une joie de cannibale, qu'il exprime par son ignoble danse, porte au haut d'une pique ensanglantée la tête de *Féraud*, qu'il présente au président : c'est l'infâme *Renaud!* A côté, l'entourant de son bras droit, et justifiant son atroce complicité par son association à cet affreux triomphe, est le charron *Lesueur;* sa tête est entourée d'un linge sanglant, qui panse grossièrement une blessure récente. Ce groupe d'assassins, admirablement rendu, est dominé par la tête en bronze d'un Brutus aux yeux hagards.

En revenant vers la droite, on rencontre un deuxième groupe d'hommes d'action, formé par le boucher *Sevin*, aux cheveux appareillés à la couleur de son bonnet; sa chemise déchirée et en désordre laisse voir son épaule et sa poitrine vigoureusement musclées; il tient à la main une hache, instrument de sa profession et son arme naturelle, dont il s'apprête à frapper, en vomissant d'horribles imprécations, le député Kervélégan, dont les vêtements sont souillés de sang, et qui s'enfuit frappé de terreur, à l'aspect de cet horrible spectacle. Un dogue furieux, digne compagnon de son maître barbare, paraît prêt à s'élancer sur le malheureux fuyard! Mais, par une opposition heureuse, qui soulage le cœur, le boucher est retenu par un magnifique auvergnat, au grand chapeau rabattu, qui, faisant remarquer à son compagnon en fureur la terreur du représentant, semble lui dire: *Il a peur, tu le vois bien, il ne vaut pas la peine qu'on le frappe!* Ces deux figures sont dignes de la plus grande attention.

Le premier plan est terminé, tout-à-fait vers la droite, par un homme à genoux, qui panse une blessure qu'il a reçue à la jambe, et qui parle à un autre meneur, à genoux comme lui, et s'appuyant sur son fusil; derrière eux se groupent, tout-à-fait dans la demi-teinte, au pied de l'extrémité de l'estrade des secrétaires, quelques tricoteuses à expressions variées.

Nous avons décrit le député effrayé : en revenant vers la gauche, toujours sur le premier plan, nous trouvons, baissant la tête, appuyé sur le dossier de son banc, se cachant la figure avec la main, et tâchant de se faire bien petit, le député Dusaulx ; il est supérieurement peint, mais il fait honte et pitié ! heureusement qu'on est de suite consolé et dédommagé par le député Chénier, qui occupe, tout-à-fait dans l'ombre du premier plan du tableau, l'extrémité gauche de la toile ; son mouvement et son geste manifestent l'indignation qu'il éprouve ; il est prêt à aller braver les assassins ! Mais il est retenu par Merlin, qui lui presse vivement la main, et qui parle avec Tallien, dont la figure exprime une vive anxiété. Chénier inspire d'autant plus l'intérêt, qu'un enragé terroriste, qui a remarqué son élan de généreuse indignation, s'appuie brutalement sur ses deux épaules et semble lui dire : *Eh ! eh ! l'ami, il me semble que tu as l'air de vouloir faire le rodomont !*

Tout ce premier plan, dans lequel l'artiste a fait merveilles, sous le rapport de l'exécution, occupe on ne peut mieux la toile, et fait pénétrer de suite, nous nous plaisons à le répéter, dans le cœur du sujet.

La tribune des orateurs, ainsi que nous l'avons dit, fait aussi partie, en réalité, de ce premier plan, étant sur la même ligne, quoique seulement plus élevée.

Quatre personnages l'occupent : deux en avant, deux en arrière.

Le premier est un vieillard ; c'est Vernier, qui développa tant de fermeté dans cette terrible séance ; il s'adresse au peuple qu'il s'efforce de calmer, en étendant vers lui sa main suppliante ; tous ses traits ont une expression pénétrante qu'augmente encore sa chevelure blanche, tachée du sang qui dégoutte de la tête de Féraud ; il semble devoir calmer des tigres, mais il a à sa droite un autre orateur, bien autrement éloquent pour cette multitude en délire, c'est l'atroce Delorme, le commandant des canonniers de Popincourt, ce nègre qui, le couteau à la main, appelle ses sicaires au meurtre et à la vengeance ! Cette figure est horriblement vraie ! Mais comment rendre l'expression de ce *Brutus*, dit *l'égorgeur*, dont l'épée antique, toute ruisselante de sang, justifie à la fois son surnom et son sobriquet ? De sa vigoureuse main droite, que le sang inonde, il saisit la pique qui porte la tête, qu'il penche vers le président ; de la main gauche, de celle qui soutient l'arme homicide, il montre au président l'odieux trophée, en lui disant : *Vois ce qui t'attend !* Son geste, son air, son œil terrible, tout fait de cette extraordinaire figure une des plus belles choses que l'art puisse produire ! C'est la peinture académique dans sa plus vigoureuse expression ; nous ne craignons pas de le dire, nul artiste ne nous démentira, cette figure est de la plus pure école de David et digne de ce grand maître lui-même! sauf la couleur qui est supérieure.

Mais je me hâte, dans la crainte que l'espace me manque. La dernière figure de la tribune est celle d'un gros réjoui, aux joues rubicondes, qui rit niaisement, au milieu de cette scène de carnage, de l'idée qu'il a eue de placer au bout d'une pique, qu'il porte avec orgueil, les vêtements de la victime qu'il a aidé à mutiler, surmontés de son chapeau à plumes, *traversé de part en part par la lance!* Cette figure, toute d'opposition, est bien habilement placée.

Au second plan à droite et comme transition, se trouve une figure unique en son genre; c'est celle d'un malheureux phthisique, *qui ne vaut pas un coup de poing*, et qui, dans sa misérable faiblesse, a encore le courage de sourire au crime! Il y a dans ce personnage une pensée bien philosophique, à laquelle l'exécution répond dignement. Les siéges et les places des secrétaires ont été envahis par un malin de la Râpée, à côté duquel est la jolie Rose, la maîtresse de Saint-Just, qui sourit à un propos qu'on lui adresse; derrière, et tenant un enfant qui joue de son hochet avec la pique du phthisique dont je parlais à l'instant, on voit la Terwagne, belle créature dégradée, à laquelle la tête du jeune Férand inspire cependant une sorte de pitié qui se mêle affreusement à son expression de violence; au second rang, et plus sur la droite, est Saint-Martin, député, secrétaire, expulsé de son siége, et qui fait admirer sa belle tête; le député Fourcroy, qui exprime une profonde douleur, et plusieurs autres encore.

Boissy-d'Anglas forme le centre de ce second plan. Nous ne faisons que le nommer, il fixe l'attention sans qu'on le recommande, nous y reviendrons d'ailleurs une autre fois. Il est entouré d'un groupe de figures qui rendent l'action complète, et que la disposition de la lumière joint bien à la scène, quoique quelques-unes soient assez éloignées perspectivement. Voici les principales, que je cite rapidement : c'est, en allant de droite à gauche, un conspirateur prêt à frapper, dont la main gauche de Boissy rencontre le bras : surpris et ému de l'action du président, il baisse son poignard et de sa main gauche ferme la bouche d'une mégère, ivre de vin et de fureur, qui vomit des imprécations contre Boissy, qu'elle menace de son sabot, à défaut d'arme plus meurtrière! Tout-à-fait derrière le fauteuil est une figure fatale, à bonnet rouge, aux yeux d'émail, exprimant la menace et l'horreur; c'est *la divinité de l'anarchie*, sous une hideuse forme humaine! Plus loin on voit des hommes qui présentent convulsivement au président la constitution de 93 à signer, ou dirigent vers lui des sabres, des pistolets et d'autres armes; ils sont suivis et appuyés par leurs complices, parmi lesquels on distingue, en frémissant, un homme à bonnet de peau de renard, qui, prêt à frapper de la hache qu'il tient suspendue, est arrêté par Dubois-Crancé, qui lui saisit les deux bras et cherche à le fléchir, de l'air le plus touchant; puis d'autres encore qui agitent des sabres, qui ajustent Boissy avec une espingole; puis la fameuse Marie l'Abbé, surnommée *la Jeanne-d'Arc*, et *la Belair* qui est au bas, un couteau à la main; au pied de la tribune, en arrière, un garde national repousse la foule nombreuse et turbulente, en l'exhortant au calme; et parmi tous ces groupes, parmi toutes ces scènes, les députés conspirateurs: *Goujon* leur chef, *Bourbotte*, *Romme*, *Soubrany*, etc., dont l'air exprime merveilleusement les intentions, et dont la présence excite la sédition de toutes parts et sur tous les points!

Nous ne pouvons décrire individuellement toutes ces figures, mais nous ne devons pas omettre celle qui, placée derrière le fauteuil de Boissy, coiffée d'un bonnet rouge, et couvrant ses paroles de sa main, adresse au président, avec un sourire non équivoque, ces mots devenus historiques: *Eh bien, Boissy, que dis-tu d'une révolution? en as-tu assez?*

Sur les derniers plans, tout-à-fait dans la demi-teinte, se groupent encore, pour ajouter à l'effet de l'ensemble, des figures penchées, qui se parlent, s'agitent, menaçent, etc.; elles sont toutes en situation; parmi elles on admire celle du général Hoche; celle d'un fort de la halle qui porte en l'air, sur un bâton, son grand chapeau de feutre blanc; celle d'un tambour auprès de lui, attendant un signal; celle encore d'un homme qui se penche pour parler à une femme; celle d'un jeune et beau savoyard, criant à tue-tête, et qui se détache en gris sur les vapeurs du fond de la salle, et tant d'autres que je ne puis désigner ici spécialement. La loge diplomatique, gardée par deux sentinelles, et dans laquelle on remarque la froide impassibilité de l'ambassadeur turc, est la seule dont le peuple ne se soit pas emparé; il occupe toutes les autres, toutes les tribunes publiques, toutes les banquettes du fond, et exprime bien par ses mouvements, ses gestes, etc., qu'il prend une vive part à ce qui se passe. Ces parties sacrifiées et pourtant si difficiles d'exécution, sont irréprochables.

Il nous aurait fallu plus d'espace pour expliquer la disposition si bien étudiée de ces groupes variés, pour indiquer les liaisons, les transitions ménagées par l'artiste; faire sentir la conscience de ses études, les ressources infinies qu'il a su découvrir et prodiguer, ses luttes continuelles contre des difficultés sans cesse renaissantes, dont il sort presque toujours vainqueur. Tout cela méritait sans doute de grands détails; nous y reviendrons, en faisant la part de la critique, qui aura aussi son tour.

Nous recommanderons, pour suppléer à notre insuffisance, la notice et le trait du tableau que M. Feuillet-Dumus a fait exécuter. Ils renferment des renseignements que liront avec avidité les amateurs qui veulent juger sainement. Nous les conjurons, dans l'intérêt de l'art et de leurs plaisirs, quand ils se seront bien familiarisés avec les plans et les détails que nous avons brièvement décrits, de se placer alors au fond de la salle, et là, après avoir reposé un instant leurs yeux et leur attention, de les reporter sur la composition, et de l'embrasser dans son ensemble. Ils éprouveront alors un effet infaillible : leur œil pénétrera partout ; il entrera au fond des tribunes, percera la vapeur des fonds ; en un mot, l'illusion deviendra bientôt telle, qu'ils croiront voir la scène se passant dans un intérieur, où leur vue pourrait plonger par une ouverture ménagée exprès. Ils croiront enfin, assister, en réalité, à la représentation de ce funèbre drame !

Ils nous sauront gré de leur avoir donné cet avis, qui leur permettra de juger du mérite de celui qui a accompli une pareille œuvre et produit de telles illusions, sans charlatanisme et sans moyens factices!

Nous avons eu le bonheur de nous trouver à l'exposition avec des personnes dont les idées, sous le rapport de l'art et sous bien d'autres, sont fort opposées; nous redirons, dans un prochain article, nos conversations avec elles. Nous sommes convaincus que c'est la meilleure manière d'exprimer une critique fondée et impartiale sur le beau tableau du peintre rouennais!

Troisième Article[1].

Rien n'est beau que le vrai !

Il n'y a pas de règles pour le génie! Cet axiôme, vrai en lui-même, a été bien étrangement commenté dans ces derniers temps! L'amour-propre et la médiocrité s'en sont servis pour masquer leur incapacité ; ils en sont venus au point de dédaigner les simples règles du bon sens et celles, plus rigoureuses encore, de la décence! On n'a pas craint de taxer d'impuissance ceux qui ne les outrageaient pas et s'honoraient même, malgré le siècle, de leur docilité pour des préceptes sanctifiés par de grands exemples! Les novateurs, en habiles tacticiens, ont su se faire rapidement, par tous les moyens, une clientelle ardente et fanatique de cette tourbe blasée à laquelle il faut du nouveau, ou du prétendu tel, en dépit du bon sens et du goût! La position prise, des esprits superficiels, et par un plus grand malheur, des capacités impatientes, se sont rués dans cette voie périlleuse, soit dans la carrière des lettres, soit dans celle des arts, voire même dans celle des sciences! On a voulu tout subordonner à la partie de talent qu'on était assez heureux pour posséder, à un degré plus ou moins éminent ; on en a fait dès-lors l'art

(1) Extrait de la *Gazette de Normandie*, du lundi 13 avril 1835.

tout entier, et bientôt de fiers indépendants ont voulu imposer à leurs imitateurs devenus esclaves, leurs lois tyranniques. Dans leur fureur d'impuissance, ils ont cru s'élever, en cherchant à rabaisser aux yeux de leurs crédules sectateurs ceux qu'ils ne pouvaient atteindre; et poussés par la fatalité de leur étoile, ils ont fini par se couvrir de la honte ineffaçable d'avoir voulu ridiculiser des noms dignes des hommages éternels de la postérité! C'est ainsi qu'ils ont dit *que Racine était une perruque!* et, avec autant de dignité et de convenance, *que David était un barbouilleur de mannequins!* Ils joueront désormais, aux yeux de l'inexorable histoire, le rôle de l'esclave blasphémateur, que la sage antiquité plaçait auprès du char glorieux des triomphateurs!

C'est l'orgueil, ce Méphistophélès infatigable de la pauvre humanité, qui a poussé à leur perte des hommes qui auraient pu acquérir de nobles et solides réputations! Ils ont abusé d'un principe vrai, car nous aussi nous disons: *Il n'y a pas de règles pour le génie*! Et pourquoi? c'est que, comment cette réflexion a-t-elle pu leur échapper! C'est que les œuvres du génie ont servi elles-mêmes de base aux règles de l'art! Pourquoi? C'est que les œuvres d'imagination et d'art n'ont été reconnues enfants du génie que lorsqu'elles étaient conformes à la vérité, et que la vérité est éternelle!

Nous nous arrêtons à la simple énonciation de cette proposition, qu'il serait si facile et si tentant de développer et d'appuyer d'une foule d'arguments et d'exemples incontestables; mais ce serait nous éloigner trop de notre objet. Contentons-nous d'énoncer qu'en peinture, comme dans les autres arts et les autres sciences, les études profondes, les longs travaux classiques, peuvent seuls conduire à la production d'ouvrages dignes d'un succès durable. On aura beau avoir le don de la couleur, de l'imagination, de la fougue, de l'originalité dans les compositions, une sorte d'étrangeté séduisante dans les détails: on pourra bien un instant fixer l'œil séduit et trompé du vulgaire, étonner le demi-connaisseur et l'égarer, mais on n'obtiendra jamais, auprès du vrai goût et auprès du véritable amateur, ces suffrages qui demeurent et qui seuls donnent une longue vie aux ouvrages et à la réputation des artistes. Ainsi, dans la peinture comme dans la poésie, l'unité seule pourra soutenir un long intérêt! Dans la peinture, plus que partout ailleurs, si le sujet n'est pas clair, si la figure ou les faits principaux qu'on a voulu représenter n'attirent pas de suite l'œil et l'attention; si tout n'est pas simple, évident, facile à saisir; si les épisodes qui viennent se rattacher à l'action principale, sous forme d'accessoires, ne servent pas à en expliquer les circonstances, à retracer tous les sentiments, toutes les passions de ceux qui y figurent, on ne fera jamais un ouvrage complètement beau! Voyez, pour ne parler que de tableaux modernes, voyez *la bataille d'Austerlitz*, *les pestiférés de Jafa*, *la mort de Socrate*, *le Léonidas*, *l'Hyppocrate*, *le François Ier et le Charles-Quint à Saint-Denis*, *les funérailles de César*, etc., partout, dans ces sublimes pages, le héros appelle d'abord l'attention: c'est sur lui que s'amasse l'intérêt, c'est vers lui que convergent toutes les circonstances accessoires rassemblées pour faire valoir, sentir, développer l'action en elle-même, dans l'espace toujours circonscrit d'une toile, quelle que soit d'ailleurs sa dimension! Cette unité de la composition est le premier mérite et le plus essentiel, nul ne peut le remplacer dans la peinture historique! Or, si la pureté et la correction du dessin, si la dignité du style, si l'éclat de la couleur s'y joignent et que l'intérêt du sujet vienne encore compléter ces avantages, vous avez alors toutes les conditions d'un chef-d'œuvre! L'école de David, qui porta à son apogée la restauration de l'art, commencée par Vivien, put et dut exagérer la rigueur des règles académiques. Nous concevons très-bien aujourd'hui qu'il pût y avoir excès dans les principes proclamés par une école régénératrice, qui ne pouvait accomplir sa mission qu'à l'aide de son inflexible rigueur! L'excès était là une vertu, loin d'être un défaut! On ne remet en vigueur une loi tombée en désuétude qu'en l'exécutant sans exceptions et sans faiblesse! Mais on convient que le génie, qui a adopté le code de ces mêmes lois, a toujours conservé le droit exclusif de les modifier suivant les temps, suivant les circonstances; il ne les viole pas, il les applique avec discernement, et lorsqu'il paraît s'en écarter, ou retrouve toujours dans ses œuvres la trace indélébile de ces études profondes et consciencieuses qui seules constituent le vrai talent!

Ainsi donc, proclamons-le ici hautement: honneur éternel à ceux qui ont su résister aux tentations d'une vogue éphémère, aux séductions d'une fortune facile, et, fidèles aux règles du beau et du vrai, se raidir, avec un courage qu'il est plus facile d'admirer que d'imiter, contre les ligues des cabales, contre les insinuations de la malveillance, contre les dénigrements de l'envie, contre les hostilités déclarées de l'inimitié; honneur et bonheur à eux! Ils ont traversé péniblement le désert, mais ils touchent à la terre promise! Ils auront conquis par leur noble courage une honorable aisance, et une gloire pure et désormais inattaquable!

COURT est de ceux-là! Nous ne craignons pas de le dire! Il sue les vrais principes par tous les pores, et toutes ses œuvres en offrent l'application, faite avec la noble indépendance du grand, du véritable artiste! Le Boissy-d'Anglas en est peut-être l'exemple le plus frappant! Partout le peintre s'y est montré un *véritable Romain* (1), et partout le champion de la vraie liberté en fait d'arts! A lui revient la tâche glorieuse d'opérer

(1) Nous n'avons pas eu l'intention de faire ici un jeu de mots; c'est ainsi que l'on nomme tous les artistes qui ont mérité le grand prix de l'institut, appelé *Prix de Rome*.

une transition désirée, mais difficile; il l'accomplira! Patience, Zampierri fut long-temps méconnu, Talma fut long-temps sifflé!

Après ce préambule, qui se rattache bien à mon sujet, je m'acquitte de la promesse que j'ai faite dans mon précédent article.

J'eus le bonheur, ainsi que je l'ai dit, en visitant le Boissy-d'Anglas, d'y rencontrer une assez nombreuse réunion de curieux.

Des conversations s'engagèrent bientôt entre mes voisins et moi; or, je dois d'abord dire quels étaient ces voisins: à ma droite, se trouvait une dame accompagnée de sa sœur, et de la plus grande partie de sa jeune famille; chez elles, des principes héréditaires, appuyés sur la base inébranlable d'une religion sincère et profonde, ont formé des convictions pour jamais hors d'atteinte. Elles venaient de visiter l'exposition de Paris, ce qui donnait un nouvel intérêt à l'émotion qu'elles éprouvaient à la vue du tableau de Court, qu'elles désiraient juger par comparaison; émotion qui se révélait d'ailleurs par des exclamations et des réflexions qui annonçaient une grande justesse de tact et un instinct remarquable de goût. J'avais, à ma gauche, un jeune homme dont les idées reposent sur une base différente, et qui est de ceux qui ont pris, au pied de la lettre, l'émancipation qu'ils ont cru conquérir, et à la réalisation de laquelle ils aspirent avec une ardeur peut-être exagérée, mais qui s'appuie sur l'honneur et sur les sentiments d'une pureté politique exaltée, respectable sans doute, mais qui, par malheur, dans l'application, ne tient pas assez compte des faits. Un peu en arrière de nous, un groupe de jeunes gens, parmi lesquels je pus aisément reconnaître quelques étudiants en médecine, exprimait vivement ses opinions et ses sympathies; enfin, en avant, s'appuyant sur le bord de la balustrade, deux artistes distingués, auxquels s'en joignit bientôt un troisième, étaient plongés dans une profonde méditation, et se communiquaient de temps en temps, à voix basse, quelques réflexions, mais restaient complètement étrangers à ce qui se disait derrière eux. Çà et là erraient, d'autres curieux, dont quelques-uns vinrent se mêler aux conversations que je vais succinctement rapporter, et qui contiennent, je le répète, le jugement des jugements portés sur le tableau qui nous occupe.

Au bout de quelques moments de silence et d'observations réciproques, ainsi que cela a toujours lieu en pareille occasion, même entre personnes de connaissance, j'entendis ma voisine de droite dire à une de ses plus jeunes compagnes, qui s'écriait précipitamment, *j'aime mieux celui de Paris!* Mais regardez donc au moins celui-ci, avant de le juger! Voyez Boissy-d'Anglas, comme il est bien en position, comme il est noble, ému jusqu'au fond du cœur, mais tranquille et calme dsns sa pose et dans son geste! sa pâleur révèle ce qui se passe dans son âme, et la simplicité de son mouvement le rend sublime ! D'ailleurs, c'est lui qu'on voit tout d'abord, et c'est à lui qu'on revient toujours. Il salue bien la tête, qu'il regarde avec une pitié douloureuse; tout cela est vrai et profondément senti ! C'est magnifique!!! On approuva autour d'elle. Quel âge avait-il, me demanda-t-elle alors? Environ trente-huit ans, répondis-je : il me paraît plus jeune, répliqua-t-elle ; mais sa sœur dit aussitôt : Il est assez noble et assez digne en ce moment pour qu'on éprouve une sorte de satisfaction de sa jeunesse! A ces réflexions s'en joignirent bientôt d'autres aussi justes, sur les groupes principaux, sur leur disposition, sur leurs effets, sur les expressions individuelles; tout cela bien senti et exprimé avec autant de franchise que de vérité. Le malheureux! s'écria enfin la même dame : voyez, derrière son fauteuil, cette tête sinistre? Cet homme est sans armes, il ne menace que du poing, mais il fait plus d'impression que les autres ; c'est l'anarchie emblématique, elle est là!... Ni courage, ni fermeté n'y feront rien ; elle restera pour apparaître sans cesse au-dessus du pouvoir; aussi, ajouta-t-elle, avec une expression de conviction remarquable : Il est trop tard maintenant pour montrer de la vertu civique; il fallait, au début, garder votre loyauté et votre foi à qui vous les deviez : c'est alors que votre courage serait glorieux et sur-tout non stérile! Après ces remarques en vinrent d'autres pleines de sens et d'à-propos, mais que je ne puis retracer ici, quoique faites pour dicter de sérieuses réflexions, et faire grand honneur au peintre dont le talent les suggérait !

Mon voisin de gauche avait écouté impatiemment quelques-unes de ces remarques ; je voyais à son agitation, à un certain air de malaise, qu'il ne se contiendrait pas long-temps ; il me dit à son tour : voilà certes un remarquable tableau ! mais, en conscience, pour une œuvre qui est la conséquence de la révolution de 1830, peut-on l'accepter ? Chacun a ses idées, je le sais, et je m'inquiète peu de celles des autres ; mais, dites-le-moi franchement, est-ce là ce peuple si noble, si fier, si humain de juillet ? Est-ce là cette multitude si désintéressée, si courageuse dans son élan, si dévouée à la liberté, sans arrière-pensée ! Peut-on avoir donné à des hommes du peuple des figures semblables ! J'approuve le Boissy-d'Anglas, il est noble, calme, admirable ! mais le peuple, Monsieur, le peuple, il est défiguré, il est calomnié ! Ces exclamations, faites avec énergie, m'arrachèrent tout-à-fait à la série d'idées que m'avait inspirées ma voisine ; je regardai attentivement mon nouvel interlocuteur, et voyant sa profonde conviction, je réprimai, autant que je le pus, le sourire qui effleurait mes lèvres, en lui disant : Mais, mon voisin, ce n'est pas le peuple de juillet que vous voyez ici, c'est celui du 1er prairial an 3, quoique je sache bien que le peuple se ressemble toujours un peu. Je retrouvais en ce moment la source du déchaînement de quelques hommes, lors de l'exposition du tableau, à Paris, en 1833, et je dis à mon voisin, *Rien n'est beau que le vrai!* Sans doute, me répliqua-t-il, mais cela ne l'est pas! Je suis sûr, lui dis-je en riant, que vous pensez tout le contraire. Comment? Oui, répondis-je, je me figure que vous trouvez que *ça l'est trop!* Il sourit à son tour, et me dit: Je vous jure que je ne puis me déterminer à croire que le peuple ait jamais été ainsi! ses instincts sont nobles et il abhorre une liberté souillée par le meurtre! Voilà une généreuse illusion, repris-je à mon tour, elle ne me surprend pas de votre part; mais les faits sont là, ils sont avérés, patents! il faut donc les peindre sans détour, sans artifice; sinon, le tableau ne sera qu'une composition de convention, nécessairement froide, et la leçon sera perdue! Mais alors, pourquoi l'artiste va-t-il me chercher des figures ignobles? ne pouvait-il modifier son drame, exprimer sur ces figures les passions politiques, et non une rage sanguinaire, qui tient plus de la brute que de l'homme civilisé! Encore une illusion, mon voisin, répondis-je aussitôt? cependant vous avez raison en un point, et l'artiste a compris et exprimé votre pensée, je vais vous le prouver; mais ceux qui ont exécuté l'acte de barbarie, qui ont massacré Féraud, mutilé son cadavre, qui portent sa tête en triomphe, sont-ce des hommes? réclamez-vous ces monstres pour être du peuple? Non, sans doute, s'écria-t-il, un peu ému: eh bien, il ne fallait pas me les montrer! Ah! je ne suis pas de votre avis, lui dis-je avec énergie, il y avait là devoir de conscience; *rien*, je le répète à dessein, *rien n'est beau que le vrai!* la chose s'est ainsi passée; rougissons-en, gémissons-en, mais, en même temps, sachons en profiter! Oui, je le crois comme vous, le peuple français est noble, généreux, plein de dévoûment, de courage! mais ces mêmes qualités le rendent souvent esclave et bientôt victime d'un premier mouvement! Mettez les masses en action; aussitôt les mauvaises passions surgissent, elles menacent, elles dominent! Eh! mon Dieu! ne voyez-vous pas que les vins les plus généreux, lorsqu'il fermentent, voient la lie remonter à leur surface! Que voulez-vous que soient ceux qui ont l'indignité de promener en triomphe la tête d'un mandataire du peuple, lâchement et traîtreusement assassiné? La lie de la population! Leur figure doit être le miroir fidèle de leurs hideuses passions; ce ne sont pas ces brutes auxquelles je m'en prends; je ne demande pas au tigre pourquoi il prend plaisir à déchirer; mais c'est à ceux qui connaissent ces vils instruments et qui ont l'infamie de les employer! ils cherchent à colorer leur propre turpitude, en décorant du nom respectable *de peuple*, cette honteuse populace; ce sont eux, dès-lors, qui calomnient le peuple, et celui-ci, tôt ou tard, sans doute, leur en demandera compte!

Mon adversaire, ébranlé par cette sortie, faisait pas à pas sa retraite; mais, disait-il encore, que n'ont-ils une figure moins ignoble! Voyez, par exemple, voyez celui qu'on nomme *Brutus l'égorgeur*, il y a de la passion politique dans cette belle figure? J'en conviens, répondis-je, et c'est ce que je vous disais tout-à-l'heure, l'artiste a senti votre pensée; ce Brutus tuera, mais il ne s'acharnera pas sur un cadavre; plusieurs autres sont là qui auront des fureurs homicides, et qui ne commettront pas de bassesses; mais les assassins, mais les lâches qui s'acharnent sur les cadavres, ils sont ce qu'ils doivent être! Convenez-en? et cette femme, ajouta-t-il encore! amener son enfant à une pareille scène!! Sans doute, s'écria ma voisine de droite, ce sont celles-là qui portent leurs enfants aux exécutions; elles sacrifieraient, sans hésiter, la sûreté de ces innocentes créatures à leur barbare curiosité! Cela ne peut être, c'est contre la nature, repliqua mon voisin; ah! Monsieur, dit aussitôt un respectable négociant, âgé de quelque soixante ans, et intervenant tout-à-coup, j'ai vu le 10 août, j'ai vu des femmes jeunes et belles, mordre, à pleines dents, dans le cœur des suisses assassinés et à demi-grillés dans les baraques incendiées du Carrousel; je les ai vues présenter à leurs enfants du pain trempé dans le sang de ces malheureux! Le voisin recula d'horreur et s'écria d'un ton que je n'oublierai jamais: Non, cela n'est pas! Non, cela ne peut pas être!! *Je l'ai vu*, se contenta de répondre le vieillard! Il y a bien loin de la scène que voilà à celle dont je vous parle, mais celle-ci me rappelle d'une manière étonnante cette époque de funeste mémoire !! Puisse-t-elle ne jamais revenir !! Mon voisin de gauche reprit son air sérieux et grave, et continua à examiner le tableau avec une grande attention.

Pendant ce dialogue, on parlait vivement derrière nous. Voyez ces muscles, cette poitrine, disait un des étudiants ? voyez ces chairs livides ? voyez ce fiévreux, tout-à-fait au bord droit du tableau ; il ne crie pas, celui-là, mais il est vraiment épuisé par le besoin ; et cet autre blessé, comme il est vrai ! et ce sang qui découle, brillant et glacé, sur le bras de cet homme et sur le bois de la lance ! et cet enfant, comme la coupe de sa tête est naturelle ! Il y avait aussi discussion dans ce groupe ; on approuvait ce que disait l'orateur ; mais un jeune homme ardent, qui s'était mêlé aux étudiants, s'écriait : Oui, sans doute, tout cela est vrai, mais cela prouve dans l'auteur des opinions qui ne sont pas les miennes, ainsi j'admire, mais je blâme ! Cependant, disait un des jeunes gens, tu conviens que cela est vrai : sais-tu qu'il a fallu du courage et du talent pour le faire ! J'en conviens encore, répliquait le critique, mais un journal de la capitale disait, il y a quelques jours, et il avait raison selon moi, que l'auteur du Boissy-d'Anglas qui est en ce moment à l'exposition, avait eu l'habileté de dissimuler l'horreur de l'action ; que le fait principal s'y trouvait bien, mais arrangé de manière que tout cela était académique, et laissait l'âme calme et tranquille ! Ce fut un brouhaha dans tout le groupe !

Eluder la difficulté, s'écriait le plus énergique, *ce n'est pas la vaincre!* Court l'a vue, lui! il l'a attaquée de front, et il l'a vaincue! Bravo! bravo! crièrent les camarades, bien répondu!

Je revins, en ce moment, vers mon premier interlocuteur, qui observait attentivement les deux artistes dont j'ai parlé en débutant, et que rien n'avait pu distraire! ils se communiquaient seulement de temps en temps quelques remarques, avec un geste qui aurait fait deviner leur pensée au moins clair-voyant; je m'approchai, et je saisis avec avidité les louanges ou les observations critiques qu'ils faisaient; il est si doux d'entendre confirmer ce qu'on a cru voir ou sentir par des hommes du métier! En ce moment un troisième artiste, justement estimé, survint, nous salua, et, s'approchant de ses confrères, leur dit: Eh bien! qu'en dites-vous? j'étais plein de préventions contre ce tableau, je l'ai vu et de près, et maintenant!... Maintenant qu'en penses-tu? C'est, leur répondit-il, en se penchant vers eux, avec une expression toute particulière: *c'est un magasin de chefs-d'œuvre!* Tu as raison, s'écrièrent ses deux amis, et ils se mirent alors à deviser peinture: j'entendis et je reçus de leur propre bouche des observations précieuses; je les écoutais avec avidité, quand mon voisin de gauche revenant vers moi, me présenta la main, en me disant: Vous ne m'avez pas converti, il s'en faut! je ne conviendrai jamais que le peuple puisse être ainsi! Je souris, et, lui disant adieu, je lui demandai ce qu'il pensait de l'exécution, en définitive : il me dit à l'oreille, et bien bas : *Admirable ! j'y reviendrai !* Cela fait votre éloge et celui du peintre ! Allez, croyez-moi, ajoutais-je gaîment, vous n'êtes pas incurable !

Je restai encore quelques minutes dans la salle, où je conversai avec les trois artistes ; je suis discret et ne voudrais pas trahir leurs confidences ; mais j'en ferai part aux lecteurs, dans un dernier article, pourvu toutefois qu'ils me promettent le secret !

Quatrième et dernier Article.

On trouve écrit au plus saint des livres : *Il y aura beaucoup d'appelés et peu d'élus !* La providence qui annonce qu'elle sera si sévère dans ses jugements, s'est montrée de même bien rigoureuse dans la distribution de ses dons les plus sublimes. Elle ne départ, en effet, qu'à un petit nombre la faveur du génie ! Car, pour nous qui le croyons et qui, par conséquent, n'hésitons pas à le proclamer, le génie est un don de Dieu, c'est l'instrument de ses décrets éternels ! Imitant donc la parabole sacrée, nous devons dire, en en faisant l'application aux artistes de notre époque : *Il y a beaucoup de talents et peu de vocations !*

Nous n'aimons pas à nous faire le dépréciateur systématique de notre siècle ; c'est un rôle d'hypocondriaque qui va mal à notre caractère et à nos habitudes ; mais nous trouvons qu'il est tout aussi ridicule et plus absurde peut-être de s'en faire le panégyriste exclusif ! Or, nous le demandons à tous les hommes de bonne foi, quel siècle fut jamais plus fécond en imitations, plus stérile en créations ? Je pourrais appliquer ce jugement, dans toute sa rigueur, aux faits qui se rapportent directement aux objets qui intéressent l'ordre social, dans son essence, et montrer les conséquences d'une révolution sociale tout entière, entreprise en 89, qui, à la veille de s'accomplir, sans retour, n'eût pu produire, en 1830, qu'une seconde Fronde, plus pitoyable que la première! Je ferais voir dans les sciences et dans les lettres des bouleversements qui, affichant des prétentions *de révolution*, se font aussi ambitieux en paroles qu'ils sont misérables en réalité! mais je veux et dois me borner ici au domaine des beaux-arts, et spécialement à celui de la peinture: or, quelle création, en ce genre, peut revendiquer notre siècle? Où est-il venu apposer son cachet créateur? où s'est-il mis au-dessus des imitations, pour les transformer en améliorations, désormais caractéristiques de notre âge? Où sont les œuvres qui porteront dans leur sein, à la postérité la plus reculée, le millésime du dix-neuvième siècle, non-seulement en peinture, mais encore dans tous les arts qui naissent du dessin? Oui, j'en conviens, on fait aujourd'hui de vastes et solides édifices; des statues colossales; des tableaux immenses; des meubles élégants; la vie privée est rendue *confortable* par les produits des arts, *au petit-pied*, c'est-à-dire descendus à la portée des fortunes modestes; appareillés au bon goût du plus grand nombre *des consommateurs*, pour parler *l'argot économiste!* Mais dans tout ce mouvement, que quelques braves gens, avec bonne foi, je le veux croire, appellent *progrès*, je vois du savoir-faire, de l'industrie, du talent même, et beaucoup de talent: mais où est le génie, où sont les créations? Contemplez nos églises modernes les plus magnifiques; elles sont de la même forme et du même style que les édifices consacrés au commerce et à l'agiotage!!! L'étranger transporté, tout à coup, chez nous, dans la capitale des arts, ne saurait distinguer, à leur seul aspect, *la Bourse* de *la Madeleine*; son érudition ne trouvera de renseignements que dans le *Guide de l'Etranger dans Paris*, pour ne pas croire, nonobstant la blancheur de leurs belles pierres toutes neuves, que ces monuments ne sont que des constructions restaurées, du temps de la domination des Romains dans les Gaules, après la vulgarisation du style grec! Mais en allant d'une extrémité à l'autre, il n'y a pas jusqu'à nos meubles qui, dans leurs prétentieux emprunts au goût si élégant et si séduisant de la renaissance, ne révèlent une servilité d'imitation vraiment désespérante! On voit, dès l'abord, que l'art actuel n'est point arrivé aux formes qu'il reproduit, par le développement successif d'une marche nécessaire; par l'influence dominatrice et insurmontable qu'impose aux masses l'ascendant d'un *Jean Goujon*, *d'un Palladio*, *d'un Benvenuto Cellini*, etc.! Chacun de nous conçoit aisément qu'après Louis XIV, époque où l'art était parvenu à un haut degré, la dégénérescence du goût ait marché constamment au pair de la dépravation rapide de la religion et des mœurs: on conçoit, dans le dix-septième siècle, et dans la première période du dix-huitième, la multiplication de ces sculptures bizarres et contournées qui déparèrent alors les grands monuments! on conçoit la marche de cette décadence, jusqu'aux Vanloo, aux Boucher, etc.!

Ce siècle en portera, pour peine, la trace honteuse et indélébile ! Mais aujourd'hui, qui justifiera ce retour si prompt, après une restauration de l'art encore si près de nous, à des formes fantasques et tourmentées, qui ont reçu le nom, si heureusement trouvé, de *style rococo!* Quels progrès aurons-nous faits, même dans cette triste voie ? Qui fera distinguer à nos descendants les productions de notre siècle de celles du siècle précédent ? La détérioration matérielle seule, et la substitution économique de *pâtes* ou de *carton-pierre*, collés et recouverts d'une légère feuille d'or, aux sculptures massives de nos aïeux, qui avaient au moins le mérite positif de la solidité et d'un travail difficile ? Partout, nous le répétons, nous ne trouvons qu'imitations et copies ? Nulle part *le cachet ineffaçable!* Quelle en est la raison ? Il y aurait trop à dire sur ce sujet ! Je me contente de résumer ma pensée par ces mots, que j'ai prononcés au début de cet article : *C'est qu'il y a aujourd'hui beaucoup de talents, et très-peu de vocations !*

Quelques hommes, dans la peinture, puisque c'est de cette partie de l'art que nous avons à parler ici, ont sans doute conservé les principes du vrai et du beau ; mais combien sont-ils, au sein de cette nuée de peintres qui surgissent de toutes parts ? et encore, parmi ces sommités, combien en compte-t-on qui ne donnent pas dans la manière ? qui ne demeurent pas asservis, à jamais, à celle d'une école ou d'un maître ? qui ne suivent pas un système arrêté d'avance, au lieu de l'inspiration naïve de la vérité, subordonnée aux règles imprescriptibles de l'art? C'est qu'il faut pour accomplir la mission du véritable artiste être doué par le ciel de qualités bien rares! Il faut avoir la vertu de rendre ce qu'on voit, et celle de contraindre une foule égarée ou séduite, à admirer ce qui est vraiment admirable! Or, cette tâche est immense, et il n'appartient qu'au vrai génie de la remplir!

Prétendez-vous, m'objecteront ceux qui observent légèrement, que les imitations doivent être proscrites? Non, sans doute, répondrais-je : au contraire, on ne peut trop consulter et chercher à reproduire ce qui est vraiment beau! mais il faut se pénétrer de ce même beau, et, alors, l'homme de génie, qui compose ou exécute, le retrouve au besoin, mais ne le cherche pas! Ainsi, de même que Virgile rappelle Homère, sans le copier; que le Tasse les rappelle tous les deux, sans les piller; de même que pour l'homme nourri de la belle littérature ancienne, qui parcourt les œuvres capitales de notre littérature contemporaine, une réminiscence d'une beauté antique qui jaillit d'un vers de Lamartine, d'une scène de Delavigne, d'une phrase de Châteaubriand, d'une page de Walter-Scoot, d'un mouvement oratoire de Berryer. font palpiter aussitôt son cœur! De même, en peinture, les réminissences heureuses et bien employées des Raphaël, des Michel-Ange, des Rubens, des Dominicain, des Véronèse, etc., font éprouver à l'amateur la plus vive et en même temps la plus pure des jouissances ! Ils ne regardent point ces délicieux souvenirs comme des copies, mais ils les admirent comme une heureuse application du vrai beau, faite par la main du génie ! Quel est celui, pour n'en citer qu'un exemple, mais bien frappant, qui, en regardant l'admirable tableau des *Moissonneurs*, de l'infortuné Léopold Robert, n'éprouve pas, à la vue de cette mère, debout sur le chariot, son enfant dans les bras, ou bien de ce conducteur, appuyé sur un des bœufs de son atelage, une commotion de plaisir inexprimable, par le simple aspect de ces réminiscences *Raphaéliques* !

Oui, nous le répétons, les organisations heureuses qui savent voir et rendre ce qu'elles ont vu, qui nourries des vrais principes, les font briller à chaque trait de leur compositions, sont bien rares ! On devrait donc, loin de leur susciter des obstacles, les aplanir sous leurs pas, et mériter ainsi, je parle pour des cités tout entières, l'honneur de les avoir vu naître !

Telles étaient les idées qu'inspiraient aux artistes dont j'ai parlé dans mon précédent article, le tableau de notre compatriote : quelques-uns d'entre eux qui avaient été dans nos murs les compagnons de ses premiers travaux, se rappelaient *sa vocation* précoce, si bien manifestée alors et si bien justifiée depuis ! L'un d'entr'eux nous disait : *Les sujets contemporains offrent de plus grandes difficultés que ceux empruntés à l'histoire ancienne et même au moyen-âge !* Les passions politiques, quand le sujet les excite, rendent encore les juges plus exigeants! et si la scène représentée entraîne nécessairement la présence d'objets hideux, révoltants, ignobles, avec de grands mouvements dans un espace circonscrit, que d'obstacles à surmonter! Court les a tous vus réunis dans le programme du Boissy-d'Anglas, mais il a su habilement les surmonter! Comme ici le style noble vient relever ce qu'il y a d'abject et de révoltant dans cette scène épouvantable! Ce qui me surprend, ajoutait l'artiste, c'est que dans une si grande multitude de têtes, on ne retrouve pas une seule ressemblance, même légère, et cependant elles expriment toutes des passions à peu près semblables, mais avec des expressions variées à l'infini, suivant les sexes, suivant les âges, suivant les conditions sociales, suivant les caractères, et, pour ainsi dire, suivant les tempéraments individuels! La variété des tons dans l'exécution, n'est pas moins étonnante que celle des intentions! Et comme tout cela est peint!

Nous suivions, en effet, avec un plaisir toujours nouveau et toujours inépuisable, les études de tête, de mains, de pieds, qui sont semées à profusion dans cette vaste composition; nous arrêtions même, avec un grand intérêt, notre attention sur les moindres accessoires, dans l'exécution parfaite desquels l'artiste s'est encore montré grand peintre, afin que rien ne manquât à son œuvre!

Une chose que je ne puis me lasser d'admirer, dit tout-à-coup un des artistes, c'est la manière dont Court semble se jouer de la couleur ! Voyez seulement les premiers plans, sans parler du reste : quelles heureuses réminiscences des grands maîtres ! Toutes sont à leur place, et toutes ajoutent ainsi à la vérité de l'ensemble, parce que cette multitude de manières différentes augmente l'illusion, en éloignant jusqu'à l'idée d'uniformité dans le faire du peintre : voyez ce boucher, sur le devant, c'est l'énergie de Michel-Ange ; l'homme agenouillé, qui panse sa jambe, la femme qui, derrière lui, déchire son mouchoir pour le lui donner, et parle à une autre femme, tout cela est du Paul Véronèse ; ce conspirateur, baissant son poignard, l'homme blond présentant convulsivement la constitution à signer, c'est du Vandick ; le député Dussaulx, l'homme au bonnet de peau de renard, le phthisique, c'est du Salvator ; Kervélégan, le secrétaire Saint-Martin, c'est du Rigaud ; ce Savoyard, c'est du Rembrandt ; cette jolie Rose, c'est du Greuze ! On n'en finirait pas de ces rapprochements, si l'on voulait les poursuivre ; et tout cet ensemble, tous ces détails, tout cela, en un mot, c'est du Court ! Les étoffes, les bronzes, les velours, c'est la nature. Il en est de même de ces pistolets, de ces sabres, de ce trousseau de clefs ! Jamais, dans leurs plus jolis tableaux, les Breughel *de velours*, les Van-Keissel, les Brawr, etc., n'ont rencontré plus juste, touché plus délicatement, donné plus de relief et d'effet !

Cet examen, poussé de plus en plus à fond, nous faisait découvrir, à chaque minute, de nouvelles preuves de la prodigieuse facilité de l'artiste, dont la promptitude et la justesse dans son travail ne peuvent être comparées qu'à celles de Rubens !

N'êtes-vous pas aussi frappés d'une chose qui me cause toujours un véritable plaisir, demandais-je à mon tour ! c'est de *ce parfum d'Italie* qu'exhalent certaines parties du tableau ? Le malin de la Rapée, celle qu'on nomme *la Belair*, cet homme, à bonnet rouge, qui se penche pour parler à une femme qui se hausse en s'appuyant sur ses épaules, et plusieurs autres encore, feront dans tous les temps reconnaître à un œil exercé que le peintre a long-temps habité la mère-patrie des beaux-arts ! Ils en convinrent et s'étendirent alors sur le mérite de certaines parties de l'exécution matérielle; ils dissertèrent ensuite sur les procédés adoptés par l'artiste, pour faire ce qu'on appelle, en termes du métier, *de la bonne peinture !* Tout cela ne peut être apprecié que par les peintres eux-mêmes ou par ceux qui ont mis, suivant le dicton vulgaire, *la main à la pâte* : je n'en parlerai donc pas davantage ; j'invite seulement les personnes qui sont capables de sentir ce genre de mérite, à examiner combien Court en a été prodigue dans son tableau. Cela donne sur-tout la certitude qu'une œuvre aussi capitale durera long-temps et que sa couleur résistera, pendant des siècles, à l'action des causes extérieures d'altération ou de destruction.

Parlons maintenant des reproches que j'ai entendu adresser à quelques détails.

On a dit, par exemple, que la chemise du boucher, sur le premier plan, était trop artistement disposée à droite, et trop coquettement retenue, en plis bien rangés, à gauche, par la main du Savoyard, afin de laisser découvrir l'épaule et la poitrine; ce désordre n'est donc pas assez naturel. On avoua que ce reproche était fondé; c'est une ou deux petites déchirures à faire, pas davantage. Ce ne sera pas difficile, dit, en riant, un des artistes.

Un reproche plus grave, repris-je, est celui qu'on adresse au *brillant* de la figure terrible placée derrière le fauteuil du président: quelques-uns trouvent qu'elle lutte trop d'effet avec la tête du Boissy-d'Anglas lui-même, et il y a peut-être quelque chose de vrai dans cette critique? Mes interlocuteurs, après un assez long examen, me dirent qu'il se présentait ici de nombreuses objections à faire, soit pour, soit contre: que cette figure caractéristique, si bien placée entre deux figures suppliantes, et si heureusement couronnée par une large lame de sabre, que l'on brandit au-dessus d'elle, leur paraissait très-bien telle qu'elle était; il n'y a que Court, dirent-ils, en concluant, qui puisse décider cette question!

Mais ces sabres, ces fourches, ces faucilles emmanchées, ces piques, imaginées pour rompre la ligne supérieure, et parmi lesquelles on distingue celle qui domine toutes les autres, et qui, placée derrière le président, porte sur un écriteau, *en gros caractères*, l'inscription de ralliement : *Du pain et la constitution de 93*, ne sont-elles pas trop nombreuses ? N'accusent-elles pas, derrière le bureau, un espace plus grand que celui qui existe en effet? Oui, diront les uns, non, diront les autres ! Au surplus, en calculant l'espace réel, par la perspective, il est facile d'arriver à un résultat vrai, et il sera dès-lors satisfaisant; ce serait tout au plus une suppression partielle et non un changement à faire.

Je continuai : Il est des personnes qui se plaignent de l'uniformité de teinte verdâtre d'un grand nombre de vêtements; les artistes s'écrièrent aussitôt, et tous ensemble : L'harmonie du tableau n'en souffre pas, au contraire, il ne faut rien changer à cela ! Le jugement était trop positif pour que je pusse me permettre d'en appeler !

Il y a d'autres critiques encore, ajoutai-je, et elles me paraissent plus justes que les précédentes; en voici une. Le bras droit de cette meneuse, qu'on a surnommée *Jeanne-d'Arc*, appuyé convenablement sur sa hanche, se trouve, par un effet lumineux naturel, dans la demi-teinte; mais par-là même, ou plutôt par une étrange coïncidence, il produit une sorte d'équivoque; il semble, en effet, avoir des rapports avec la main qui tire la lance en avant : on voit de suite, à la réflexion, qu'il n'en est rien; mais il suffit qu'il y ait doute pour que ce reproche soit anéanti, au moyen d'une facile correction. On m'accorda que j'avais raison. Je trouve, dis-je encore, qu'il existe une rencontre analogue, sinon aussi disgracieuse et aussi palpable, du moins aussi réelle, entre la bandoulière du tambour, placé sur les plans lointains du bureau, à gauche, près le fort de la halle, et le bois de la pique qui se détache sur cette même bandoulière; elle semble former, au-dessus de la main de celui qui porte l'arme, une espèce de fer de lance blanchâtre peu agréable à l'œil! On me répondit: *L'objection est vraie, mais elle est bien puérile; un coup de pinceau suffira pour vous contenter!*

On adresse enfin, repris-je encore, un dernier reproche à la loge des ambassadeurs : on les trouve eux-mêmes trop tranquilles! Je ne conçois pas cette critique, dit un des artistes; d'où vient cet acharnement sur une chose sacrifiée, mais qui se joint bien à l'ensemble? Examinons pourtant l'objection en elle-même. D'abord, ce sang-froid de la plupart des ambassadeurs est authentique, et il fut même, *sur la motion de Vernier*, constaté au procès-verbal de cette mémorable séance; mais ensuite, l'indifférence de l'ambassadeur turc n'est-elle pas tout-à-fait en situation? l'expression de Monroë et celle de son voisin ne sont-elles pas d'une extrême vérité? Et dans le fond, à droite, un des diplomates, bien dissimulé d'ailleurs, n'a-t-il pas sa tête cachée dans ses deux mains, d'une manière caractéristique !! Ainsi donc, rien à changer dans tout cela !

Nous remarquâmes encore un chapiteau et une portion de pilastre oubliés, à la droite du bureau des secrétaires ; omission bien facile à réparer !

En ce moment, un individu d'une mise modeste, qui semblait nous écouter attentivement, s'avança vers nous, et nous dit avec confiance, mais avec timidité : Messieurs, j'ai fait, de mon côté, quelques remarques que je vous demande la permission de vous soumettre, à vous qui me semblez *des connaissseurs!* Nous écoutâmes, et il nous dit avec une remarquable gravité : *Les briquets anciens* (sabres d'infanterie) avaient la poignée plus *camarde* que celle de l'arme que porte l'assassin de Féraud ; ensuite, ces briquets de *l'ancien régime* n'avaient pas de *bouton saillant* au bout de la douille en cuivre qui termine le fourreau : le peintre a donc copié un *briquet moderne!* J'ajoute : Que le fusil, garni de sa bandoulière, que tient en main cet homme accroupi, tout-à-fait à la droite du tableau, est également *du nouveau modèle.* Je m'y connais, Messieurs, j'ai servi dans ce temps-là, *et je possède encore tout mon fourniment!* Mais, Messieurs, tout cela n'est rien, *c'est de la vraie bagatelle!!!* Veuillez avoir la complaisance de jeter les yeux sur cette espingole, qui couche en joue Boissy-d'Anglas, prête à vomir sur lui une énorme charge, à bout portant !

Eh bien! qu'y remarquez-vous? --- Nous examinâmes tous, et nous dîmes enfin : Rien que la vérité de l'exécution et la remarquable figure de celui qui la tient. Ah! Messieurs, nous répondit le critique triomphant, il y a là une faute qui vous a échappé! Faute grave, immense, impardonnable!!! -- Mais qu'elle est-elle? dit un des artistes impatienté?... *L'espingole n'est pas armée!!!* Un éclat de rire général accueillit cette remarque, faite pourtant de bonne foi! Le critique s'éloigna silencieux et un peu confus.---Je m'approchai alors de lui, et j'osai le remercier, au nom de l'artiste; ce brave homme avait été loin de vouloir blesser le peintre. Mais il est dans ma conviction et dans celle de Court, je le sais par expérience, que les remarques les plus simples ne sont pas à dédaigner; il se rappelle toujours le trait d'*Appelles et du savetier d'Athènes!* Or, il me sembla que le digne critique, si j'en puis juger du moins d'après l'extérieur, s'était bien humblement tenu *dans sa spécialité!* suivant l'expression du jour!

Je revins à mes artistes et nos conclusions furent prises à l'unanimité! Je ne crois pas devoir les rappeler ici. Chacun les répétera, j'en suis sur, après avoir vu le tableau?

Rouennais, nous avons donné à ces articles une grande étendue : mais nous avons pensé que nous le devions à notre amour pour le vrai d'abord, ensuite à l'artiste, puis enfin à notre patrie! Il appartenait à la

Gazette de Normandie de faire apprécier, comme elle le sent, les œuvres d'*un peintre normand*. Son exemple sera imité sans doute par les autres journaux de Rouen ; elle le souhaite, elle le demande, et elle goûtera un plaisir bien doux, une joie bien pure à entendre dire plus et mieux qu'elle ! !

Et toi, Court, cher compatriote, lors de l'exposition de quelques-unes de tes œuvres, en 1830, on t'adressait, en te voyant appuyé sur le socle du buste en marbre de notre Boïeldieu, qui ornait la salle où elles figuraient, ces paroles bien senties : *Court, vous avez à peine trente-deux ans ! Vous avez recueilli des illustres Rouennais vos devanciers un héritage de talents que vous êtes chargé de faire valoir; nos enfants vous en demanderont compte, songez-y-bien ! J'ose me rendre en ce moment l'interprète de votre patrie et de vos concitoyens, et vous exprimer, à-la-fois, toute leur satisfaction et toutes leurs espérances !*

Cinq ans se seront bientôt écoulés depuis cette époque ! Le Boissy-d'Anglas et d'autres ouvrages remarquables ont répondu à ce vœu patriotique ! Je m'empare donc aujourd'hui, à bon droit, de ces mêmes paroles, je les répète, Court, et j'ajoute :

Un moment viendra et il n'est pas loin, je l'espère, où justice complète te sera rendue ! Oui, j'entrevois déjà ce jour de triomphe, où des municipaux, mieux avisés, t'environneront de ces honneurs, si doux au cœur de l'artiste ! C'est alors que tu viendras retrouver l'auteur de ces articles ! car il est dans ta destinée de voir toujours l'affection de tes amis s'accroître comme tes talents ! Nous nous rappellerons, à la suite de *la révolution de 1830*, comme on se plaît encore à l'*appeler*, les concours de 1831, l'exposition de 1833, tes tribulations, tes luttes glorieuses, tous ces obstacles désormais vaincus pour jamais ! Alors nous sourirons ensemble au souvenir des temps malheureux de ta laborieuse jeunesse ! nous nous rappellerons, avec une véritable gaîté, en voyant enfin ton Boissy-d'Anglas enrichir une galerie royale ou immortaliser un monument public, *la noble baraque* de la place des Carmes, son modeste et mémorable asile en 1835 ! Puis après les ovations publiques, si justement méritées et obtenues, nous redirons en chœur et dans l'intimité, ce vers du poëte, que le pressentiment de l'avenir me fait par avance répéter, avec une ineffable jouissance :

Forsàn et hæc olim meminisse juvabit !

Un jour il nous plaira de nous en souvenir !

COURT a demandé au propriétaire de son tableau la faveur d'une exposition gratuite, pendant quelques jours, pour que toutes les classes, sans exception, pussent voir son œuvre, dans sa ville natale.

M. FEUILLET-DUMUS, avec un désintéressement qu'on ne saurait trop louer, a accueilli cette pensée. Il a voulu que tous les frais d'une semblable exposition, qui sont assez considérables, fussent à sa charge, et elle a eu lieu gratuitement pendant trois jours.

Si le proverbe si connu, *vox populi, vox dei*, a pu jamais être appliqué avec à propos, c'est sans doute dans cette circonstance !

L'artiste et ses amis doivent être contents !

www.ingramcontent.com/pod-product-compliance
Ingram Content Group UK Ltd.
Pitfield, Milton Keynes, MK11 3LW, UK
UKHW022121260726
13993UKWH00003B/1152

9 782329 565095